BEI GRIN MACHT SICH IHR WISSEN BEZAHLT

- Wir veröffentlichen Ihre Hausarbeit,
  Bachelor- und Masterarbeit

- Ihr eigenes eBook und Buch -
  weltweit in allen wichtigen Shops

- Verdienen Sie an jedem Verkauf

Jetzt bei www.GRIN.com hochladen
und kostenlos publizieren

Trainingsplanung eines gesundheitsorientierten Krafttrainings

Verena Larissa Semmler

Bibliografische Information der Deutschen Nationalbibliothek:

Die Deutsche Nationalbibliothek verzeichnet diese Publikation in der Deutschen Nationalbibliografie; detaillierte bibliografische Daten sind im Internet über http://dnb.d-nb.de abrufbar.

ISBN: 9783346273093
Dieses Buch ist auch als E-Book erhältlich.

© GRIN Publishing GmbH
Nymphenburger Straße 86
80636 München

Alle Rechte vorbehalten

Druck und Bindung: Books on Demand GmbH, Norderstedt Germany
Gedruckt auf säurefreiem Papier aus verantwortungsvollen Quellen

Das vorliegende Werk wurde sorgfältig erarbeitet. Dennoch übernehmen Autoren und Verlag für die Richtigkeit von Angaben, Hinweisen, Links und Ratschlägen sowie eventuelle Druckfehler keine Haftung.

Das Buch bei GRIN: https://www.grin.com/document/941194

Deutsche Hochschule für
Prävention und Gesundheitsmanagement

Einsendeaufgabe

Fachmodul:	Trainingslehre I
Studiengang:	Gesundheitsmanagement
Name, Vorname:	Semmler, Verena Larissa
Studienort:	**Köln**
Semester:	**WS 2018**

Inhaltsverzeichnis

1 Diagnose

1.1 Allgemeine und biometrische Daten

Für eine weibliche Trainingsanfängerin wird ein Trainingsplan erstellt und zu Beginn anthropometrische Daten erhoben sowie eine ausführliche Anamnese durchgeführt. Die Körperzusammensetzung wird mittels der Bioelektrischen Impedanzanalyse (Edlinger, 2002) durch den Bodyscan der Firma CardioScan gemessen, der Tagespuls ertastet und der Blutdruck nach der auskultatorischen Messung nach Riva-Rocci ermittelt.

Tab. 1: Diagnosedaten und Zusammenfassung Anamnese (eigene Darstellung)

Alter	25 Jahre	
Geschlecht	Weiblich	
Körpergröße	165 cm	
Körpergewicht	80 kg	
Körperfettanteil	22,6 kg bzw. 28,91%	Norm: (Weitl, 2019) bis 26%
Anteil Muskelmasse	23,8 kg bzw 30,73%	Norm: (Weitl, 2019) mehr als 35%
Trainingsmotive	Abnehmen und definieren	
Berufliche Tätigkeit	Notfallsanitäter im Rettungsdienst	
Frühere sportliche Aktivitäten	- Handballtraining im Verein 2 Mal pro Woche (ca. 2 Stunden)	
Aktuelle sportliche Aktivitäten	- Ausdauerkurs einmal pro Woche (Dauer 1 Stunde) - Fahrradfahren 1 – 2 pro Woche (ungefähr 2 Stunden)	
Zeitlicher Verfügungsrahmen	3 mal pro Woche ca. 1 Stunde	
Blutdruck	126/83 mmHg	
Tagespuls	60 Schläge/Minute (nach 30 Min. sitzen)	
Krankheiten, gesundheitliche Einschränkungen	- während der Arbeit unregelmäßig Schmerzen im Bereich der Lendenwirbelsäule Skala 1-10 (1 – sehr schwache und 10 – sehr starke Schmerzen) Antwort: 3 auf Nachfrage: Empfindung als Störfaktor - keine weiteren gesundheitlichen Einschränkungen	
Medikamenteneinnahme	Keine regelmäßige Einnahme von Medikamenten	

Die optimalen Werte der Körperzusammensetzung für die Probandin wurden dem Programm Cardioscan (Weitl, 2019) entnommen. Der Blutdruck wurde am Tag nach ca. 30 Minuten sitzen gemessen und beträgt 126/83 mmHg. Es liegt somit nach den in Tab. 2 dargestellten Klassifikationen ein Normblutdruck vor und es muss im Krafttraining nicht spezifisch darauf eingegangen werden. Die Kundin hat unregelmäßig Schmerzen im un-

teren Rücken und keine weiteren gesundheitlichen Einschränkungen. Laut Ihrem Ortho-
päden sind die Rückenschmerzen muskulär bedingt, da die Schmerzen unregelmäßig an
der Arbeit und vor allem beim Heben von Patienten entstehen. Er sprach die Empfehlung
über ein Muskelaufbautraining aus. Die Person hat folglich keine Einschränkungen für
die Trainierbarkeit, lediglich muss der Trainingsplan Übungen für den Rumpf enthalten
um diesen nachhaltig zu stärken und der Person die Rückenschmerzen an der Arbeit zu
nehmen.

Tab. 2: Blutdruckklassifikationen (modifiziert nach Mancia et al, 2013, S. 1286)

Bewertungsstufe	Systolischer Blutdruck	Diastolischer Blutdruck
Normblutdruck (Normotonie)		
optimal	< 120 mmHg	< 80 mmHg
normal	< 130 mmHg	< 85 mmHg
hochnormal	130 – 139 mmHg	85 – 89 mmHg
Bluthochdruck (arterielle Hypertonie)		
Stufe 1	140 – 159 mmHg	90 – 99 mmHg
Stufe 2	160 – 179 mmHg	100 – 109 mmHg
Stufe 3	> 180 mmHg	> 110 mmHg

1.2 Krafttestung

Es wird der X-RM-Test gewählt und durchgeführt um die Individuelle-Leistungsbild-
Methode oder auch ILB-Methode verwenden zu können (Barteck & Elsner, 1998; Eifler,2000; Strack, 1999; Strack & Eifler, 2005). Bei diesem Test wird das maximal bewäl-
tigbare Gewicht für eine bestimmte Wiederholungszahl ermittelt und ist gut geeignet für
Krafttrainingsanfänger. Ein Krafttest mit dem 1-RM-Test ist ausgeschlossen, da es sich
um einen Beginner handelt. „Insbesondere im fitnessorientierten Krafttraining für Anfän-
ger ist es angebracht, (…) aus Gründen der internistischen und orthopädischen Belastung
auf 1-RM-Tests (…) zu verzichten" (Haupert, 2007, S. 68).

Der Test wird mit 20 Wiederholungen zu Beginn durchgeführt, da er vor Trainingsbeginn
durchgeführt wird und als Grundlage für die Intensität im ersten Mesozyklus dient.

Der Ablauf (Zimmer, 1999, S. 45-47) beginnt methodisch mit einem allgemeinen (15
Minuten Crosstrainer) und speziellen Aufwärmen (mit geringer Intensität für jede
Übung). Im Anschluss wird der 1. Testsatz mit 20 Wiederholungen durchgeführt. Das
Startgewicht ist dabei subjektiv vom Trainer einzuschätzen, aber es gibt Anhaltspunkte

wie zum Beispiel für die Beinpresse 100% des Körpergewichtes bei Frauen als Testgewicht im ersten Satz zu wählen (Eifler, 2000, S.69). Anschließend wird ein zweiter und bei Bedarf ein dritter Testsatz mit jeweils drei Minuten Pause durchgeführt und dabei wird das Gewicht um 5 %, 10 % oder 25 % gesteigert je nach subjektivem Empfinden der Testperson (Zimmer, 1999, S. 45-47). Das Zielgewicht des Testes ist erreicht, wenn die letzte konzentrische Wiederholung gerade noch vollzogen werden kann. Für optimale Testbedingungen sollte die normale Trainingsuhrzeit auch für den Test gewählt werden und der Testtag dem normalen Alltag entsprechen.

Tab. 3: Testsätze und Ergebnisse des 20-RM-Test (eigene Darstellung)

Allgemeines Aufwärmen: 10 Min. Laufband; Intensität: Herzfrequenz ca. 135 Schläge/Min.					
Spezielles Aufwärmen: vor dem ersten Satz jeder Übung:					
1. 8 Wiederholungen mit 40 % des geschätzten Gewichts für den ersten Testsatz					
2. 3 Wiederholungen mit 60 % des geschätzten Gewichts für den ersten Testsatz					
Datum: 07.06.2019				**Uhrzeit: 18.00 Uhr**	
Testübung	**WH**	**1. Satz**	**2. Satz**	**3. Satz**	**Ergebnis**
Beinpresse	20	80 kg	100 kg	110 kg	110 kg
Brustpresse	20	30 kg	35 kg	---	35 kg
Latzug vertikal zur Brust (weiter OG)	20	30 kg	45 kg	---	45 kg
Rudern horizontal am Seilzug (enger UG)	20	30 kg	35 kg	40 kg	40 kg
Rumpfextension an der Maschine	20	55 kg	65 kg	75 kg	75 kg
Bauchbeuger	20	15 kg	20 kg	25 kg	25 kg
Rumpfrotation am Seilzug	20	15 kg	17,5 kg	---	17,5 kg
Armstrecken am Seilzug	20	15 kg	17,5 kg	20 kg	20 kg

WH = Wiederholungen, OG = Obergriff, UG = Untergriff, kg = Kilogramm

Die Testergebnisse fließen in die weitere Trainingsplanung ein, weil mit bestimmten Intensitäten des im X-RM-Test erreichten Kraftwert trainiert wird (vgl. Kapitel 3). Der Krafttest wird nach jedem Mesozyklus erneut durchgeführt mit der Anzahl an Wiederholungen des folgenden Zyklus. Um einen intraindividuellen Leistungsvergleich darzustellen wird nach Beendigung des Trainingsplan ein erneuter 20-RM-Test durchgeführt welcher unter konsequenter und exakter Standardisierung stattfinden muss. Die Rahmenbedingungen, wie Ablauf, Methodik und Uhrzeit müssen dann so ablaufen wie in Tab. 3 dargestellten Test.

Ein interindividueller Leistungsvergleich ist aufgrund der Störgrößen und fehlender Standardisierung eines X-RM-Test nicht möglich.

2　Zielsetzung/Prognose

Die Probandin hat ihre Trainingsmotive mit abnehmen und definieren geschildert und bei der Anamnese leichte Rückenschmerzen angegeben. Nach der Diagnose werden drei Ziele mit ihr erarbeitet, welche konkret verfasst, eindeutig und messbar sein müssen.

Tab. 4: Zielsetzung (eigene Darstellung)

Inhalt:	Ausmaß:	Zeit:
Körperfett reduzieren	- 6 kg	6 Monate
Muskelmasse aufbauen	+ 4 kg	6 Monate
Kraftsteigerung Rumpfexten-sion an der Maschine	Steigerung um 20% min. 90 kg im 20-RM-Test	6 Monate

kg = Kilogramm

Abnehmen lässt sich als Ziel nicht konkretisieren und eindeutig messen, deswegen ist hier das Ziel den Körperfettanteil zu reduzieren. Für den Wunsch der Definition ist der Aufbau der Muskelmasse der Anhaltspunkt, da eine optische Körperformung über Körperfettreduktion und Muskelaufbau erfolgt. Die Muskeln sind von außen mehr zu erkennen, wenn weniger Körperfett diesen umgibt und der Muskel hypertrophiert ist. In Tab. 4 sind die Grobziele dargestellt und um die Motivation der Trainierenden dauerhaft zu erhalten werden Feinziele in Tab.5 definiert. Die Parameter dafür werden gemessen und dokumentiert.

Tab. 5: Feinziele (eigene Darstellung)

Inhalt:	Ausmaß:	Zeit:
Körperfett reduzieren	- 1,5 kg	Alle 6 Wochen
Muskelmasse aufbauen	+ 1 kg	Alle 6 Wochen

kg = Kilogramm

Das dritte Ziel ist die Linderung der Rückenschmerzen. Die Probandin hat dies nicht als Motiv angegeben aber in der Anamnese als Störfaktor bezeichnet. In diesem Fall kann die Kraftsteigerung Rumpfextension als Ziel gewählt werden, da die Schmerzen muskulär bedingt sind. Hierfür ist die Wiederholung des 20-RM-Test der Rückenextension nach Beendigung des Trainingsplan (vgl. Kapitel 1.2) erforderlich.
Das Ausmaß ist bei allen drei Zielen realistisch gewählt damit keine Demotivation bei den Vergleichsmessungen entsteht.

3 Trainingsplanung Makrozyklus

3.1 Übergeordnete Trainingsmethode

Für die Probandin wird die in Tab. 6 dargestellte Individuelle-Leistungsbild-Methode (ILB- Methode) ausgewählt. Dieser deduktive trainingsmethodische Ansatz ist aus Berücksichtigung der trainingspraktischen Erfahrungen für den Fitness- und Gesundheitssport konzipiert (Strack & Eifler, 2005, S. 153). Die Trainingsintensitäten werden aus den Referenzwerten des X-RM-Test abgeleitet, somit sollen Überlastungserscheinungen und Verletzungen vermieden werden. (Eifler, 2013, S. 74) Folglich ist die ILB-Methode gut geeignet für die Testperson.

Tab. 6: Individuelle-Leistungsbild-Methode (modifiziert nach Strack & Eifler, 2005, S. 153)

Leistungs- stufe	Zeitstufe (Monate)	Orga.- form	Einheiten/ Woche	Übungen/ Muskel	Sätze/ Übung	Intensität (%X-RM)
Orientierungs- stufe	0 – 1,5	GK	2	1 – 2	1 – 2	Gering
Beginner	1,5 – 6	GK	2	1 – 2	1 – 2	50 – 70
Geübter	6 – 12	GK	2 – 3	1 – 2	2	60 – 80
Fortge- schrittener	> 12	GK/ Split	3 – 4	1 – 3	2 – 3	70 – 90
Leistungs- trainierender	> 36	GK/ Split	3 – 6	1 – 4	2 – 4	80 – 100

GK = Ganzkörpertraining, Split = Splittraining

Mit Beginn des Makrozyklus hat bei der Probandin bereits die Eingewöhnungsphase (vgl. Tab. 6 Orientierungsstufe) stattgefunden. Innerhalb der ersten drei Mesozyklen befindet sie sich in der Leistungsstufe Beginner und wechselt anschließend in die Stufe Geübter. Der in Tab. 7 dargestellte Markozyklus umfasst 6 Monate mit 4 Mesozyklen. Er beinhaltet 12 Wochen umfangsorientiertes und 12 Wochen intensitätsorientiertes Krafttraining.

3.2 Trainingsplan

Tab. 7: Makrozyklusplanung 6 Monate (eigene Darstellung)

	Mesozyklus I	Mesozyklus II	Mesozyklus III	Mesozyklus IV
Dauer	6 Wochen	6 Wochen	6 Wochen	6 Wochen
Leistungsstufe	Beginner	Beginner	Beginner	Geübter
Trainings-methodik	Kraftausdauer-training	Übergangs-phase	Muskelaufbau extensiv	Muskelaufbau intensiv
Organisations-form	GK Station	GK Circuit	GK Station	GK Circuit
Häufigkeit/ Woche	3	3	3	3
Übungen/ Muskel	1 - 2	1 - 2	1 - 2	1 - 2
Sätze/ Übung	2	2 Circuits	2	2 Circuits
Intensität	50-70% ILB	50-70% ILB	50-70% ILB	60-80% ILB
Wiederholungen	20	15	12	8
Satzpausen	60 Sek.	---	60 Sek.	---
Bewegungs-tempo TUT	2/0/2	2/0/2	2/0/2	2/0/2

GK = Ganzkörpertraining, Circuit = Circuit- bzw. Kreistraining, Station = Stationstraining, TUT = time under tension

3.3 Belastungsparameter

Für ein Krafttraining mit dem Ziel Muskelaufbau stellten Wirth, Aatzor und Schmidtblei-cher (2007) fest, dass eine Belastungshäufigkeit von einmal pro Woche bereits Muskel-zuwächse erzielt, diese aber bei zwei bis drei Einheiten deutlich größer sind. Deswegen sowie auf Wunsch der Kundin bezieht sich der gesamte Trainingsplan in Tab. 7 auf 3 Einheiten pro Woche.

Die Belastungsintensität ist sanft und submaximal gewählt, weil ein Krafttraining bis zum Muskelversagen höhere kardiovaskuläre Belastungen erzielt als das submaximale Trai-ning (Buskies, 1999). Eine Kraftentwicklung ist laut Buskies (1999) bei beiden Intensi-täten gegeben, aber um das Training für die Probandin angenehmer zu gestalten wird das submaximale Krafttraining gewählt.

Laut der Studie von Buskies & Boeckh-Behrens (2009) ist das Mehrsatz- sinnvoller als das Einsatztraining für die Kraftsteigerung, weswegen 2 Sätze oder Circuits pro Übung gewählt wurden. Somit sind die Vorteile von mehreren Sätzen gegeben, das Training bleibt aber abwechslungsreich.

Es sind ein bis zwei Übungen pro Muskel festgelegt, da einige Muskel in mehrgelenkigen Übungen nicht primär gestärkt werden aber trotzdem als Synergisten mithelfen. Die Übungswahl erfolgt so, dass die primär ausführende Muskulatur nur einmal trainiert wird. Dies ist notwendig um im Zeitrahmen der Person ein komplettes Ganzkörpertraining durchzuführen.

Die Bewegungsgeschwindigkeit wird mit Hilfe der TUT – „time under tension" dargestellt (Brycki, 1995). Diese wurde auf das durchschnittliche Tempo 2/0/2 für den gesamten Makrozyklus festgelegt, damit die Probandin als Krafttrainingsanfängerin sich vorerst auf die richtige Technik und Atmung konzentrieren kann und nicht an verschiedene Tempi denken muss.

3.4 Organisationsformen

Für alle Mesozyklen wird das Ganzkörpertraining verwendet da hier in einer Einheit alle Muskelgruppen belastet werden. Um das Ziel Muskelaufbau zu erreichen ist es erforderlich zwei bis drei Trainingsreize pro Woche pro Muskel zu setzen (Bishop, Jones & Woods, 2008; Jones, Bishop, Richardson & Smith, 2006). Die Probandin hat einen zeitlichen Verfügungsrahmen von dreimal die Woche, daraus ergibt sich, dass sie dreimal wöchentlich ein Ganzkörpertraining macht um die Trainingsreize passend zu setzen.

Im Trainingsplan wird abwechselnd für jeden Mesozyklus zwischen Stations- und Circuittraining gewechselt. Damit wird das Training abwechslungsreicher gestaltet und das Prinzip der variierenden Belastung einbezogen (Eisenhut & Zintl, 2013, S. 16-27).

3.5 Periodisierung

Der Trainingsplan Tab. 7 verläuft über die lineare Periodisierung bzw. Blockperiodisierung (Fröhlich, Müller, Schmidtbleich & Emrich, 2009; Kraemer & Flech, 2007). Dabei steigt die Intensität progressiv während die Wiederholungszahlen regressiv abnehmen. Die Mesozyklen eins und zwei laufen umfangsorientiert und die Zyklen drei und vier intensitätsorientiert ab. Somit liegt eine optimale Steigerung für die Testperson vor. Im Kraftausdauertraining wird die Widerstandsfähigkeit der Muskulatur gegenüber Ermüdung gesteigert (Martin et al., 1993) und im Übergangstraining wird der Körper auf ein intensiveres Muskelaufbautraining vorbereitet. Das Hypertrophie- oder Muskelaufbautraining erfolgt extensiv und intensiv. Somit findet eine progressive Belastungssteigerung sowie eine Leistungssteuerung mittels Periodisierung und Zyklisierung (Eisenhut & Zintl, 2013, S. 16-27) über den gesamten Trainingsplan statt.

4 Trainingsplanung Mesozyklus

Für eine Mesozyklusplanung wurde der erste in Tab. 7 dargestellte Mesozyklus gewählt.

Tab. 8: Mesozyklustabelle (eigene Darstellung)

Dauer:	6 Wochen		Trainingsziel:	Kraftausdauer steigern		Intensität:		50-70% ILB
Orga.- Form:	Ganzkörper Stationstraining		Trainingshäufigkeit:	3x / Woche		Ein bis zwei Übungen pro Muskel		

Muskel	Beine	Brust	Rücken	Trapez	Rücken-strecker	Bauch	Seitlicher Bauch	Trizeps
Übung	Bein-presse	Brust-presse	Latzug vertikal zur Brust	Rudern horizontal - Seilzug	Rumpfex-tension	Bauch-beuger	Rumpfrota-tion	Armstre-cken am Seilzug
Wiederholung	20	20	20	20	20	20	20	20
Sätze	2	2	2	2	2	2	2	2
Satzpausen	60 Sek.	60 Sek.	60 Sek.	60 Sek.	60 Sek.	60 Sek.	60 Sek.	60 Sek.
Tempo TUT	2/0/2	2/0/2	2/0/2	2/0/2	2/0/2	2/0/2	2/0/2	2/0/2
ILB (20-RM)	110 kg	35 kg	45 kg	40 kg	75 kg	25 kg	17,5 kg	20 kg
Woche 1 50% ILB	55 kg	17,5 kg	22,5 kg	20 kg	37,5 kg	12,5 kg	8,75 kg	10 kg
Woche 2 50% ILB	55 kg	17,5 kg	22,5 kg	20 kg	37,5 kg	12,5 kg	8,75 kg	10 kg
Woche 3 60% ILB	66 kg	21 kg	27 kg	24 kg	45 kg	15 kg	10,5 kg	12 kg
Woche 4 60% ILB	66 kg	21 kg	27 kg	24 kg	45 kg	15 kg	10,5 kg	12 kg
Woche 5 70% ILB	77 kg	24,5 kg	31,5 kg	28 kg	52,5 kg	17,5 kg	12,25 kg	14 kg
Woche 6 70% ILB	77 kg	24,5 kg	31,5 kg	28 kg	52,5 kg	17,5 kg	12,25 kg	14 kg

Kg = Kilogramm

4.1 Übergeordnetes Konzept der Übungsauswahl

Die Probandin als Krafttrainingsanfängerin erlernt in dem Trainingsplan Tab. 8 hauptsächlich Übungen an geführten Maschinen. Diese ermöglichen ihr eine einfache und schnelle Ausführung und verringern das Verletzungsrisiko. Lediglich die zwei Übungen Rudern und Armstrecken erfolgen am Seilzug um zu Beginn die Koordination leicht einzubeziehen und diese Bewegungen mehrdimensional ablaufen.

Von den acht ausgewählten Übungen sind je vier mehrgelenkig und eingelenkig. Dies bietet eine Kombination aus eher alltagsnahen und isolierten Bewegungen. Es liegt bei der Übungsauswahl ein Fokus auf der Rumpfmuskulatur wegen den gelegentlichen Rückenbeschwerden der Probandin.

4.2 Einzelbetrachtung der gewählten Übungen

Die Beinpresse trainiert primär den großen Gesäßmuskel, die ischiocrurale Muskulatur und den vierköpfigen Oberschenkelstrecker. Diese mehrgelenkige Übung wird von großen Muskelgruppen ausgeführt. In dem beruflichen Alltag im Rettungsdienst wird viel aus den Beinen gehoben. Diese stärkt die Probandin an der geführten Maschine gut.

Die Brustpresse beansprucht primär den großen Brustmuskel und den vorderen Deltamuskel. Mit der Sicherheit einer geführten Maschine wird hier mehrgelenkig eine große Muskelgruppe trainiert und somit der Antagonist zu den Rückenmuskeln gestärkt. So wird einer muskulärer Dysbalance effektiv vorgebeugt.

Der Latzug, ausgeführt vertikal zur Brust mit einem weiten Obergriff, trainiert primär den großen Rückenmuskel und den großen Rundmuskel. Diese Übung ermöglich die gewünschte Stärkung der Rückenmuskulatur um der Probandin die gelegentlich auftretenden Schmerzen zu nehmen. Zudem wird durch die Kräftigung dieser Muskulatur eine aufrechte Haltung gefördert.

Das Rudern horizontal am Seilzug mit einem engen Untergriff beansprucht primär den mittleren Trapezmuskel und den großen Rückenmuskel. Diese Übung wird am Seilzug trainiert um die intermuskuläre Koordination der Testperson für die im Alltag stark belastete Rückenmuskulatur zu fördern.

Die Rumpfextension an der Maschine trainiert primär die Rückenstreckermuskulatur. Mit dieser Übung wird die gesamte Wirbelsäule nachhaltig besser stabilisiert. Die Extension wird an der geführten Maschine durchgeführt um hier ein sehr geringes Verletzungsrisiko zu erreichen. Hier wird primär die Muskulatur trainiert die der Probandin gelegentlich Schmerzen verursacht weswegen hier der Fokus auf der Kräftigung liegt.

Um musklären Dysbalancen entgegen zu wirken ist es erforderlich den geraden Bauchmuskel am Bauchbeuger und die seitliche Bauchmuskulatur mittels der Rumpfrotation zu trainieren. Für beide Übungen sind geführte Maschinen zu Beginn den Trainings gewählt um auch hier das Verletzungsrisiko sehr gering zu halten.

Der dreiköpfige und zweiköpfige Armmuskel sind in verschiedenen Übungen schon als Synergisten vertreten. Aufgrund des Kundenwunsches Definition ist die letzte Übung eine Stärkung des dreiköpfigen Armmuskels damit die Probandin straffe Oberarme bekommt.

5 Krafttraining bei Diabetes mellitus Typ-2

Tab. 9: Effekte des Krafttrainings bei Diabetes mellitus Typ-2 (eigene Darstellung)

Titel der Studie	„The relative benefits of endurance and strength trainings on the meabolic factors an muscle function of people with type 2 diabetes mellitus."	„Effect of Strength Training on Plasma Levels of Homocysteine in Patients with Type 2 Diabetes."
Durchführung durch	Cauza E., Hanusch-Enserer U., Strasser B., Ludvik B., Metz-Schimmerl S., Pacini G., Wagner O., Georg P., Prager R., Kostner K., Dunky A., Haber P.	Silva ASE, Lacerda FV, da Mota MPG
Publizierung	2005	2019
Forschungsfrage	Wie unterscheiden sich die Effekte von viermonatigem Krafttraining gegenüber aeroben Ausdauertraining auf die Stoffwechselkontrolle, Muskelkraft und kardiovaskuläre Ausdauer bei Typ-2 Diabetikern?	Wie sehen die Auswirkungen von Krafttraining auf den Homocysteinspiegel im Plasma und auf die kardiovaskulären Risikofaktoren bei Patienten mit Diabetes mellitus Typ-2 aus?
Versuchspersonen	Krafttraining - 22 Typ-2 Diabetiker - 11 männlich und 11 weiblich - Alter: 55 – 57 Jahre - Diabetes seit 5 – 12 Jahren Ausdauertraining - 17 Typ-2 Diabetiker - 9 männlich und 8 weiblich - Alter: 56 – 59 Jahre - Diabetes seit 7 – 11 Jahren	- 14 Typ-2 Diabetiker - alle Probanden weiblich - Alter: 62 – 74 Jahre
Versuchsablauf	Die Krafttrainingsprobanden trainierten bis zu 6 Sätze pro Muskel in der Woche. Die Probanden für das Ausdauertraining bewegten sich dreimal die Woche für 15 – 30 Minuten mit einer Intensität von 60 % des maximalen Sauerstoffverbrauchs. Beide Versuchsgruppen trainierten für 4 Monate. Dabei wurden der Blutzucker, das glykosilierte Hämoglobin, der Insulingehalt und Lipidtests im Labor getestet.	Die Probandinnen trainierten 50 Minuten lang drei Sätze mit jeweils 8 – 12 Wiederholungen. Dabei wurden mit 60% eines 1-RM-Krafttest trainiert. Vor und nach dem Training wurden biochemische Auswertungen und anthropometrische Messungen durchgeführt.
Relevante Ergebnisse	Das Krafttraining verursachte signifikante Veränderungen im Gegensatz zu dem Ausdauertraining. Es führte dabei zu einem deutlichen Rückgang des glykosyliertem Hämoglobin und eine Verbesserung der Insulinresistenz und des Blutzuckers. Folglich war das Krafttraining bei der Verbesserung der Blutzuckerkontrolle wirksamer als Ausdauertraining und könnte durch die Verbesserung des Lipidprofils eine wichtige Rolle bei der Behandlung von Typ-2 Diabetikern spielen.	Der Gehalt an Homocystein, Trigylceriden sowie das Gesamtcholesterin und der Blutzucker zeigten nach dem Trainingsprogramm keine signifikanten Veränderungen auf. Die Menge an gering- und hochdichtem Lipoprotein sowie Mager- und Fettmasse zeigten deutliche Veränderungen auf. Folglich verbessert Krafttraining nicht den Homocysteinspiegel sondern das Lipoproteinprofil bei Patienten mit Diabetes mellitus Typ-2.

6 Literaturverzeichnis

Barteck, O. & Elsner, I. (1998). *Fitness-Manual*. Köln: Könemann.

Bishop, P.A., Jones, E. & Woods, A.K. (2008). Recovery from resistance training: a brief review. *Journal of Strength and Conditioning Research, 22* (3), 1015-1024.

Brzycki, M. (1995). *A pracitcal approach to strength training* (3. Aufl.). Lincolnwood: Master Press.

Buskies, W. (1999). Sanftes Krafttraining nach dem subjektiven Belastungsempfinden versus Training bis zu muskulären Ausbelastung. *Deutsche Zeitschrift für Sportmedizin, 50* (10), 316-320

Buskies, W. & Boeckh-Behrens, W.-U. (2009). *Fitness-Gesundheits-Training. Die besten Übungen und Programme für das ganze Leben* (Bd. 61084). Reinbek bei Hamburg: Rowohlt.

Cauza, E., Hanusch-Enserer, U., Strasser, B., Ludvik, B., Metz-Schimmerl, S., Pacini, G. et al. (2005). The relative benefits of endurance and strength training on the metabolic factors and muscle function of people with type 2 diabetes mellitus. *Archives of physical medicine and rehabilitation, 86* (8), 1527-1533

Edlinger, E. (2002). Die Bedeutung der bioelektrischen Impedanzanalyse (BIA) im geriatrischen Bereich. *Journal für Ernährungsmedizin, 4* (4), 24-25.

Eifler, C. (2000). *Krafttraining nach der ILB-Methode – Eine empirische Überprüfung der Trainingseffekte bei Anfängern und Fortgeschrittenen.* Unveröffentlichte Diplomarbeit. Universität des Saarlandes, Saarbrücken.

Eifler, C. (2013). *Empirische Überprüfung der Effekte verschiedener Ansätze zur Intensitätssteuerung im fitnessorientierten Krafttraining.* Dissertation. Universität des Saarlandes, Saarbrücken.

Eisenhut, A. & Zintl, F. (2013). *Ausdauertraining. Grundlagen, Methoden, Trainingssteuerung* (Sportwissen, 8. Aufl.). München: BLV

Fröhlich, M., Müller, T., Schmidtbleicher, D. & Emrich, E. (2009), Outcome-Effekte verschiedener Periodisierungsmodelle im Krafttraining. *Deutsche Zeitschrift für Sportmedizin, 60* (10), 307-314.

Haupert, M. (2007). *Zur Belastungsbestimmung im fitnessorientierten Krafttraining – Eine explorative Studie zur Methodik.* Dissertation. Universität des Saarlandes, Saarbrücken.

Jones, E.J., Bishop, P.A., Richardson, M.T. & Smith, J.F. (2006). Stability of a practical measure of recovery from resistance training. *Journal of Strength and Conditioning Research, 20* (4), 756-759.

Kraemer, W.J. & Fleck, S.J. (2007). *Opimizing strength training. Designing nonlinear periodization workouts.* Champaign, III: Human Kinetics.

Martin, D., Carl, K. & Lehnertz, K. (1993). *Handbuch Trainingslehre* (2. Aufl.) Schorndorf: Hofmann.

Mancia, G., Fagard, R., Narkiewicz, K., Redòn, J., Zanchetti, A., Böhm, M. et al. (2013) 2013 ESH/ESC Guidelines for the management of arterial hypertension. The task force fort he management of artierial hypertension of the European Society of Hypertension (ESH) and of the European Society of Cardiology (ESC). *Journal of hypertension, 31* (7), 1281-1357.

Silva, A.S.E., Lacerda, F.V. & da Mota, M.P.G. (2019). Effect of Strength Training on Plasma Levels of Homocysteine in Patients with Type 2 Diabetes. *International Journal of Preventive Medicine, 10* (1), 80.

Strack, A. (1999). Methodik des modernen Krafttrainings im Fitness- und Gesundheitssport. *Zeitschrift Trainer*, 3, 11-14.

Strack, A. & Eifler, C. (2005). The individual lifting performance method (ILP) – a practical method for fitness- and recreational strength training. In J.Gießing, M.Fröhlich & P. Preuss (Hrsg.), *Current Results of Strength Training Research – An empirical and theoretical Approach* (S. 153-163). Göttingen: Cuvillier.

Weitl, M. (2019). Angaben gemäß cardioscan GmbH, Valentinskamp 30, 20355 Hamburg. Zugriff am 07.06.2019. Verfügbar unter https://www.cardioscan.de/

Wirth, K., Aatzor, K. R. & Schmidtbleicher, D. (2007). Veränderungen der Muskelmasse in Abhängigkeit von Trainingshäufigkeit und Leistungsniveau. *Deutsche Zeitschrift für Sportmedizin, 58* (6), 178-183.

Zimmer, M. (1999). *Entwicklung und Erprobung eines Mehrwiederholungstests zur Erfassung der Kraftleistung im Fitneß-Training.* Unveröffentlichte Diplomarbeit. Universität des Saarlandes, Saarbrücken.

7   Tabellenverzeichnis

BEI GRIN MACHT SICH IHR
WISSEN BEZAHLT

- Wir veröffentlichen Ihre Hausarbeit,
  Bachelor- und Masterarbeit

- Ihr eigenes eBook und Buch -
  weltweit in allen wichtigen Shops

- Verdienen Sie an jedem Verkauf

Jetzt bei www.GRIN.com hochladen
und kostenlos publizieren